NIGHTMARE BLOCKS

Easier New Number and Logic Puzzles

How it all began

In May 2000 I had an accident, falling from a ladder, and needed 5 months off work.

Boredom soon set in and as I love numbers I decided to try and devise some number puzzles.

I put three rows of numbers from 1 to 9 on a spreadsheet. I then inserted a formula that added the middle number to the top and bottom numbers and printed out the result.

I then erased all the numbers just leaving the top and bottom totals then by using addition tried to reinstate the correct numbers.

It was then that I had that "Eureka" moment, realising that because the middle row was common to both sums, up and down, it would need logic to place the correct combinations in the right order, and so my ZYGO puzzle was born!

I had a new addictive hobby.

In the years that followed I devised many new number puzzles and compiled computer programs that generated them automatically.

A year or two ago, I thought I would try and get some puzzles published and contacted Andrew Griffin at Tarquin who decided to publish 6 puzzle books for everyone to enjoy.

NIGHTMARE BLOCKS

Easier New Number and Logic Puzzles

Les Page

Tarquin

Publisher's Note

If you have enjoyed this Nightmare Blocks book and want a further challenge there is a tougher version of Nightmare Blocks. This and 4 other books can be seen opposite - fuller details on www.tarquingroup.com. Enjoy!

Samples of some of the puzzles in other books can be found at the back of this book.

© Les Page 2020

ISBN (Book) 978-1-913565-10-7

ISBN (EBook) 978-1-913565-11-4

Designed and Printed in the UK

Tarquin

Suite 74, 17 Holywell Hill

St Albans AL1 1DT

UK

www.tarquingroup.com

Puzzles 1–23

Start on page 1 overleaf. Solutions to each are on reverse side of the puzzle page.

Bonus Puzzles

On page 51–60 there are some bonus puzzles from other books in the series. These books are set out below. If you enjoy a particular puzzle from the bonuses, get the whole book from your usual bookseller or from www.tarquingroup.com

Emojis - tougher puzzles
Book ISBN 9781913565008
Ebook ISBN 9781913565015

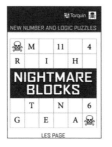

Nightmare Blocks
Book ISBN 9781913565022
Ebook ISBN 9781913565039

The Compendium
Book ISBN 9781913565060
Ebook ISBN 9781913565077

Solitary Sudoku
Book ISBN 9781913565046
Ebook ISBN 9781913565053

Emojis - The Starter Book
Book ISBN 9781913565084
Ebook ISBN 9781913565091

PUZZLE 1

The 15 letters in **NIGHTMARE BLOCKS** have different numerical values. Place values to agree sum totals horizontally, vertically and diagonally.

Cross out numerical values when placed

↓ = ⌒ Enter values when worked out — Green boxes are "given" values

2 x	N	=	
2 x	I	=	
2 x	G	=	16
2 x	H	=	9
2 x	T	=	
2 x	M	=	19
2 x	A	=	
2 x	R	=	13
2 x	E	=	
2 x	B	=	11
1 x	L	=	
1 x	O	=	
1 x	C	=	17
1 x	K	=	
1 x	S	=	

First grid:

↘	↓	↓	↓	↓	↓	↙
→	L	E	B	G	N	39
→	E	H	K	B	A	48
→	A	S	M	R	I	67
→	H	G	M	R	T	69
→	C	N	I	O	T	55
68	43	51	71	67	46	57

Second grid:

↘	↓	↓	↓	↓	↓	↙
→			11	16		39
→		9		11		48
→			19	13		67
→	9	16	19	13		69
→	17					55
68	43	51	71	67	46	57

3
4
5
7
9
10
11
12
13
14
15
16
17
18
19

Solution Overleaf

© Les Page 2020   ISBN 978193565107
For more www.tarquingroup.com

SOLUTION 1

↘	↓	↓	↓	↓	↓	↙
→	L	E	B	G	N	39
→	E	H	K	B	A	48
→	A	S	M	R	I	67
→	H	G	M	R	T	69
→	C	N	I	O	T	55
68	43	51	71	67	46	57

↘	↓	↓	↓	↓	↓	↙
→	4	3	11	16	5	39
→	3	9	15	11	10	48
→	10	18	19	13	7	67
→	9	16	19	13	12	69
→	17	5	7	14	12	55
68	43	51	71	67	46	57

E	=	3
L	=	4
N	=	5
I	=	7
H	=	9
A	=	10
B	=	11
T	=	12
R	=	13
O	=	14
K	=	15
G	=	16
C	=	17
S	=	18
M	=	19

For more www.tarquingroup.com

PUZZLE 2

The 15 letters in **NIGHTMARE BLOCKS** have different numerical values. Place values to agree sum totals horizontally, vertically and diagonally.

Cross out numerical values when placed

↓ = ⋂ Enter values when worked out   Green boxes are "given" values

2 x	**N**	=	
2 x	**I**	=	
2 x	**G**	=	
2 x	**H**	=	19
2 x	**T**	=	13
2 x	**M**	=	
2 x	**A**	=	
2 x	**R**	=	6
2 x	**E**	=	9
2 x	**B**	=	8
1 x	**L**	=	
1 x	**O**	=	
1 x	**C**	=	
1 x	**K**	=	1
1 x	**S**	=	16

↘	↓	↓	↓	↓	↓	↙
→	A	O	A	H	N	41
→	I	H	R	E	L	66
→	I	S	B	G	M	58
→	T	R	B	T	G	44
→	K	C	M	E	N	48
29	53	73	37	54	40	48

↘	↓	↓	↓	↓	↓	↙
→			19		41	
→	19	6	9		66	
→	16	8		58		
→	13	6	8	13	44	
→	1			9	48	
29	53	73	37	54	40	48

1
3
4
5
6
8
9
11
12
13
14
16
18
19
21

Solution Overleaf

© Les Page 2020   ISBN 978193565107   For more www.tarquingroup.com

SOLUTION 2

↘	↓	↓	↓	↓	↓	↙
→	A	O	A	H	N	41
→	I	H	R	E	L	66
→	I	S	B	G	M	58
→	T	R	B	T	G	44
→	K	C	M	E	N	48
29	53	73	37	54	40	48

↘	↓	↓	↓	↓	↓	↙
→	3	11	3	19	5	41
→	18	19	6	9	14	66
→	18	16	8	4	12	58
→	13	6	8	13	4	44
→	1	21	12	9	5	48
29	53	73	37	54	40	48

K	=	1
A	=	3
G	=	4
N	=	5
R	=	6
B	=	8
E	=	9
O	=	11
M	=	12
T	=	13
L	=	14
S	=	16
I	=	18
H	=	19
C	=	21

CHAIN REACTION NIGHTMARE BLOCKS

PUZZLE 3

The 15 letters in **NIGHTMARE BLOCKS** have different numerical values.
Place values to agree sum totals horizontally, vertically and diagonally.

↓ = ⤴ Enter values when worked out   Green boxes are "given" values

2 x	**N**	=	
2 x	**I**	=	
2 x	**G**	=	11
2 x	**H**	=	
2 x	**T**	=	
2 x	**M**	=	
2 x	**A**	=	
2 x	**R**	=	
2 x	**E**	=	21
2 x	**B**	=	8
1 x	**L**	=	18
1 x	**O**	=	
1 x	**C**	=	15
1 x	**K**	=	1
1 x	**S**	=	16

↘	↓	↓	↓	↓	↓	↙
→	**H**	**O**	**A**	**I**	**M**	58
→	**G**	**G**	**A**	**L**	**N**	58
→	**I**	**N**	**B**	**B**	**E**	52
→	**R**	**S**	**T**	**E**	**M**	83
→	**T**	**H**	**C**	**K**	**R**	72
69	76	60	64	57	66	79

↘	↓	↓	↓	↓	↓	↙
→						58
→	11	11		18		58
→			8	8	21	52
→		16		21		83
→			15	1		72
69	76	60	64	57	66	79

1
6
7
8
9
10
11
12
15
16
17
18
19
20
21

Solution Overleaf

© Les Page 2020   ISBN 978193565107   For more www.tarquingroup.com

SOLUTION 3

↘	↓	↓	↓	↓	↓	↙
→	H	O	A	I	M	58
→	G	G	A	L	N	58
→	I	N	B	B	E	52
→	R	S	T	E	M	83
→	T	H	C	K	R	72
69	76	60	64	57	66	79

K	=	1
N	=	6
O	=	7
B	=	8
I	=	9
M	=	10
G	=	11
A	=	12
C	=	15
S	=	16
T	=	17
L	=	18
R	=	19
H	=	20
E	=	21

↘	↓	↓	↓	↓	↓	↙
→	20	7	12	9	10	58
→	11	11	12	18	6	58
→	9	6	8	8	21	52
→	19	16	17	21	10	83
→	17	20	15	1	19	72
69	76	60	64	57	66	79

PUZZLE 4

The 15 letters in **NIGHTMARE BLOCKS** have different numerical values. Place values to agree sum totals horizontally, vertically and diagonally.

Cross out numerical values when placed

↓ = ∩ Enter values when worked out   Green boxes are "given" values

2 x	**N**	=	
2 x	**I**	=	
2 x	**G**	=	6
2 x	**H**	=	
2 x	**T**	=	
2 x	**M**	=	20
2 x	**A**	=	12
2 x	**R**	=	
2 x	**E**	=	
2 x	**B**	=	
1 x	**L**	=	4
1 x	**O**	=	
1 x	**C**	=	14
1 x	**K**	=	9
1 x	**S**	=	11

↘	↓	↓	↓	↓	↓	↙
→	**A**	**B**	**R**	**H**	**E**	34
→	**L**	**A**	**G**	**M**	**E**	55
→	**O**	**I**	**G**	**N**	**N**	39
→	**R**	**S**	**C**	**K**	**B**	42
→	**T**	**M**	**T**	**I**	**H**	64
68	47	55	47	45	40	40

↘	↓	↓	↓	↓	↓	↙
→	12					34
→	4	12	6	20		55
→			6			39
→		11	14	9		42
→		20				64
68	47	55	47	45	40	40

| 1 |
| 3 |
| 4 |
| 5 |
| 6 |
| 7 |
| 8 |
| 9 |
| 10 |
| 11 |
| 12 |
| 13 |
| 14 |
| 18 |
| 20 |

Solution Overleaf

© Les Page 2020   ISBN 978193565107   For more www.tarquingroup.com

SOLUTION 4

↘	↓	↓	↓	↓	↓	↙
→	A	B	R	H	E	34
→	L	A	G	M	E	55
→	O	I	G	N	N	39
→	R	S	C	K	B	42
→	T	M	T	I	H	64
68	47	55	47	45	40	40

↘	↓	↓	↓	↓	↓	↙
→	12	5	3	1	13	34
→	4	12	6	20	13	55
→	10	7	6	8	8	39
→	3	11	14	9	5	42
→	18	20	18	7	1	64
68	47	55	47	45	40	40

H	=	1
R	=	3
L	=	4
B	=	5
G	=	6
I	=	7
N	=	8
K	=	9
O	=	10
S	=	11
A	=	12
E	=	13
C	=	14
T	=	18
M	=	20

For more www.tarquingroup.com

PUZZLE 5

The 15 letters in **NIGHTMARE BLOCKS** have different numerical values. Place values to agree sum totals horizontally, vertically and diagonally.

Cross out numerical values when placed

↓ = ∩ Enter values when worked out   Green boxes are "given" values

2 x	**N**	=	20
2 x	**I**	=	1
2 x	**G**	=	
2 x	**H**	=	4
2 x	**T**	=	18
2 x	**M**	=	
2 x	**A**	=	10
2 x	**R**	=	
2 x	**E**	=	
2 x	**B**	=	17
1 x	**L**	=	
1 x	**O**	=	
1 x	**C**	=	
1 x	**K**	=	
1 x	**S**	=	

↘	↓	↓	↓	↓	↓	↙	
→	**G**	**M**	**N**	**K**	**I**	60	
→	**M**	**A**	**R**	**H**	**E**	53	
→	**H**	**T**	**T**	**G**	**E**	70	
→	**S**	**I**	**R**	**N**	**B**	51	
→	**C**	**L**	**O**	**A**	**B**	65	
31	47	64	54	57	77	74	

↘	↓	↓	↓	↓	↓	↙
→			20		1	60
→		10		4		53
→	4	18	18			70
→		1		20	17	51
→				10	17	65
31	47	64	54	57	77	74

1
2
4
7
9
10
11
12
14
16
17
18
19
20
21

Solution Overleaf

SOLUTION 5

↘	↓	↓	↓	↓	↓	↙
→	G	M	N	K	I	60
→	M	A	R	H	E	53
→	H	T	T	G	E	70
→	S	I	R	N	B	51
→	C	L	O	A	B	65
31	47	64	54	57	77	74

↘	↓	↓	↓	↓	↓	↙
→	9	16	20	14	1	60
→	16	10	2	4	21	53
→	4	18	18	9	21	70
→	11	1	2	20	17	51
→	7	19	12	10	17	65
31	47	64	54	57	77	74

I	=	1
R	=	2
H	=	4
C	=	7
G	=	9
A	=	10
S	=	11
O	=	12
K	=	14
M	=	16
B	=	17
T	=	18
L	=	19
N	=	20
E	=	21

CHAIN REACTION NIGHTMARE BLOCKS

PUZZLE 6

The 15 letters in **NIGHTMARE BLOCKS** have different numerical values. Place values to agree sum totals horizontally, vertically and diagonally.

↓ = ∩ Enter values when worked out   Green boxes are "given" values

2 x	**N**	=	
2 x	**I**	=	14
2 x	**G**	=	18
2 x	**H**	=	
2 x	**T**	=	
2 x	**M**	=	15
2 x	**A**	=	
2 x	**R**	=	4
2 x	**E**	=	
2 x	**B**	=	5
1 x	**L**	=	
1 x	**O**	=	
1 x	**C**	=	
1 x	**K**	=	
1 x	**S**	=	1

Grid 1:

↘	↓	↓	↓	↓	↓	↙
→	H	N	N	E	O	72
→	A	M	C	G	E	81
→	T	I	I	G	H	83
→	K	B	B	R	T	47
→	M	L	R	A	S	50
68	84	54	40	80	75	51

Grid 2:

↘	↓	↓	↓	↓	↓	↙
→						72
→		15		18		81
→		14	14	18		83
→		5	5	4		47
→	15		4		1	50
68	84	54	40	80	75	51

1
4
5
8
9
11
13
14
15
16
17
18
19
20
21

Solution Overleaf

© Les Page 2020   ISBN 978193565107   For more www.tarquingroup.com

SOLUTION 6

↘	↓	↓	↓	↓	↓	↙
→	H	N	N	E	O	72
→	A	M	C	G	E	81
→	T	I	I	G	H	83
→	K	B	B	R	T	47
→	M	L	R	A	S	50
68	84	54	40	80	75	51

S	=	1
R	=	4
B	=	5
C	=	8
N	=	9
L	=	11
K	=	13
I	=	14
M	=	15
O	=	16
H	=	17
G	=	18
A	=	19
T	=	20
E	=	21

↘	↓	↓	↓	↓	↓	↙
→	17	9	9	21	16	72
→	19	15	8	18	21	81
→	20	14	14	18	17	83
→	13	5	5	4	20	47
→	15	11	4	19	1	50
68	84	54	40	80	75	51

© Les Page 2020   ISBN 978193565107

CHAIN REACTION NIGHTMARE BLOCKS

LEVEL E

PUZZLE 7

The 15 letters in **NIGHTMARE BLOCKS** have different numerical values.
Place values to agree sum totals horizontally, vertically and diagonally.

↓ = ∩ Enter values when worked out   Green boxes are "given" values

Cross out numerical values when placed

2 x	N	=	13
2 x	I	=	6
2 x	G	=	15
2 x	H	=	
2 x	T	=	3
2 x	M	=	
2 x	A	=	
2 x	R	=	7
2 x	E	=	
2 x	B	=	
1 x	L	=	18
1 x	O	=	5
1 x	C	=	
1 x	K	=	
1 x	S	=	

↘	↓	↓	↓	↓	↓	↙
→	L	E	N	M	M	62
→	A	T	R	N	B	36
→	I	G	O	B	G	53
→	S	I	K	R	H	51
→	E	A	C	T	H	25
44	44	34	49	46	54	41

↘	↓	↓	↓	↓	↓	↙
→	18		13			62
→		3	7	13		36
→	6	15	5		15	53
→		6		7		51
→				3		25
44	44	34	49	46	54	41

1
3
4
5
6
7
8
9
10
11
12
13
15
18
20

Solution Overleaf

For more www.tarquingroup.com

SOLUTION 7

↘	↓	↓	↓	↓	↓	↙
→	L	E	N	M	M	62
→	A	T	R	N	B	36
→	I	G	O	B	G	53
→	S	I	K	R	H	51
→	E	A	C	T	H	25
44	44	34	49	46	54	41

↘	↓	↓	↓	↓	↓	↙
→	18	9	13	11	11	62
→	1	3	7	13	12	36
→	6	15	5	12	15	53
→	10	6	20	7	8	51
→	9	1	4	3	8	25
44	44	34	49	46	54	41

A	=	1
T	=	3
C	=	4
O	=	5
I	=	6
R	=	7
H	=	8
E	=	9
S	=	10
M	=	11
B	=	12
N	=	13
G	=	15
L	=	18
K	=	20

For more www.tarquingroup.com

CHAIN REACTION NIGHTMARE BLOCKS

LEVEL E

PUZZLE 8

The 15 letters in **NIGHTMARE BLOCKS** have different numerical values.
Place values to agree sum totals horizontally, vertically and diagonally.

Cross out numerical values when placed

↓ = ⌒ Enter values when worked out   Green boxes are "given" values   ✗

2 x	**N**	=	
2 x	**I**	=	18
2 x	**G**	=	
2 x	**H**	=	
2 x	**T**	=	15
2 x	**M**	=	10
2 x	**A**	=	
2 x	**R**	=	
2 x	**E**	=	
2 x	**B**	=	
1 x	**L**	=	5
1 x	**O**	=	7
1 x	**C**	=	14
1 x	**K**	=	12
1 x	**S**	=	3

Cross-out column values: 2, 3, 5, 6, 7, 8, 10, 12, 14, 15, 16, 18, 19, 20, 21

First grid:

↘	↓	↓	↓	↓	↓	↙
→	R	G	H	C	S	47
→	I	I	A	O	L	50
→	N	E	T	R	T	75
→	H	K	B	M	A	61
→	B	E	M	N	G	78
58	80	78	64	56	33	57

Second grid:

↘	↓	↓	↓	↓	↓	↙
→				14	3	47
→	18	18		7	5	50
→			15		15	75
→		12		10		61
→			10			78
58	80	78	64	56	33	57

Solution Overleaf

© Les Page 2020   ISBN 978193565107   For more www.tarquingroup.com

SOLUTION 8

↘	↓	↓	↓	↓	↓	↙
→	R	G	H	C	S	47
→	I	I	A	O	L	50
→	N	E	T	R	T	75
→	H	K	B	M	A	61
→	B	E	M	N	G	78
58	80	78	64	56	33	57

A	=	2
S	=	3
L	=	5
R	=	6
O	=	7
G	=	8
M	=	10
K	=	12
C	=	14
T	=	15
H	=	16
I	=	18
N	=	19
E	=	20
B	=	21

↘	↓	↓	↓	↓	↓	↙
→	6	8	16	14	3	47
→	18	18	2	7	5	50
→	19	20	15	6	15	75
→	16	12	21	10	2	61
→	21	20	10	19	8	78
58	80	78	64	56	33	57

© Les Page 2020   ISBN 978193565107   For more www.tarquingroup.com

CHAIN REACTION NIGHTMARE BLOCKS

LEVEL E

PUZZLE 9

The 15 letters in **NIGHTMARE BLOCKS** have different numerical values. Place values to agree sum totals horizontally, vertically and diagonally.

↓ = ∩ Enter values when worked out   Green boxes are "given" values

Cross out numerical values when placed

2 x	N	=	
2 x	I	=	
2 x	G	=	
2 x	H	=	
2 x	T	=	18
2 x	M	=	7
2 x	A	=	
2 x	R	=	15
2 x	E	=	
2 x	B	=	19
1 x	L	=	
1 x	O	=	
1 x	C	=	2
1 x	K	=	8
1 x	S	=	14

	2
	3
	4
	5
	6
	7
	8
	10
	11
	14
	15
	16
	17
	18
	19

↘	↓	↓	↓	↓	↓	↙
→	R	M	T	I	G	60
→	G	B	B	T	A	77
→	N	H	R	E	N	42
→	C	M	H	K	L	44
→	E	I	S	A	O	40
67	47	47	76	46	47	63

↘	↓	↓	↓	↓	↓	↙
→	15	7	18			60
→		19	19	18		77
→			15			42
→	2	7		8		44
→			14			40
67	47	47	76	46	47	63

Solution Overleaf

© Les Page 2020   ISBN 978193565107   For more www.tarquingroup.com

SOLUTION 9

↘	↓	↓	↓	↓	↓	↙
→	R	M	T	I	G	60
→	G	B	B	T	A	77
→	N	H	R	E	N	42
→	C	M	H	K	L	44
→	E	I	S	A	O	40
67	47	47	76	46	47	63

↘	↓	↓	↓	↓	↓	↙
→	15	7	18	4	16	60
→	16	19	19	18	5	77
→	3	10	15	11	3	42
→	2	7	10	8	17	44
→	11	4	14	5	6	40
67	47	47	76	46	47	63

C	=	2
N	=	3
I	=	4
A	=	5
O	=	6
M	=	7
K	=	8
H	=	10
E	=	11
S	=	14
R	=	15
G	=	16
L	=	17
T	=	18
B	=	19

PUZZLE 10

The 15 letters in **NIGHTMARE BLOCKS** have different numerical values. Place values to agree sum totals horizontally, vertically and diagonally.

Cross out numerical values when placed

↓ = ⤵ Enter values when worked out   Green boxes are "given" values

2 x	**N**	=	
2 x	**I**	=	
2 x	**G**	=	10
2 x	**H**	=	
2 x	**T**	=	13
2 x	**M**	=	
2 x	**A**	=	1
2 x	**R**	=	5
2 x	**E**	=	
2 x	**B**	=	
1 x	**L**	=	
1 x	**O**	=	
1 x	**C**	=	
1 x	**K**	=	4
1 x	**S**	=	9

↘	↓	↓	↓	↓	↓	↙
→	H	I	M	N	B	30
→	C	G	R	R	L	52
→	E	S	A	G	I	38
→	B	K	T	T	E	43
→	A	H	M	O	N	30
17	40	42	25	46	40	34

↘	↓	↓	↓	↓	↓	↙
→						30
→		10	5	5		52
→		9	1	10		38
→		4	13	13		43
→	1					30
17	40	42	25	46	40	34

1
2
3
4
5
6
7
8
9
10
11
13
14
16
18

Solution Overleaf

© Les Page 2020   ISBN 978193565107

For more www.tarquingroup.com

SOLUTION 10

↘	↓	↓	↓	↓	↓	↙
→	H	I	M	N	B	30
→	C	G	R	R	L	52
→	E	S	A	G	I	38
→	B	K	T	T	E	43
→	A	H	M	O	N	30
17	40	42	25	46	40	34

A	=	1
N	=	2
M	=	3
K	=	4
R	=	5
B	=	6
E	=	7
H	=	8
S	=	9
G	=	10
I	=	11
T	=	13
L	=	14
O	=	16
C	=	18

↘	↓	↓	↓	↓	↓	↙
→	8	11	3	2	6	30
→	18	10	5	5	14	52
→	7	9	1	10	11	38
→	6	4	13	13	7	43
→	1	8	3	16	2	30
17	40	42	25	46	40	34

CHAIN REACTION NIGHTMARE BLOCKS

LEVEL E

PUZZLE 11

The 15 letters in **NIGHTMARE BLOCKS** have different numerical values. Place values to agree sum totals horizontally, vertically and diagonally.

Cross out numerical values when placed

↓ = ⌒ Enter values when worked out   Green boxes are "given" values

2 x	**N**	=	1
2 x	**I**	=	
2 x	**G**	=	
2 x	**H**	=	
2 x	**T**	=	10
2 x	**M**	=	12
2 x	**A**	=	14
2 x	**R**	=	2
2 x	**E**	=	
2 x	**B**	=	
1 x	**L**	=	
1 x	**O**	=	16
1 x	**C**	=	
1 x	**K**	=	
1 x	**S**	=	

↘	↓	↓	↓	↓	↓	↙
→	K	H	M	O	T	62
→	I	A	B	R	A	53
→	G	C	N	R	L	53
→	I	T	H	M	E	64
→	E	B	S	G	N	47
28	69	55	52	52	51	34

↘	↓	↓	↓	↓	↓	↙
→			12	16	10	62
→		14		2	14	53
→			1	2		53
→		10		12		64
→					1	47
28	69	55	52	52	51	34

| 1 |
| 2 |
| 4 |
| 5 |
| 6 |
| 9 |
| 10 |
| 12 |
| 14 |
| 16 |
| 17 |
| 18 |
| 19 |
| 20 |
| 21 |

Solution Overleaf

© Les Page 2020   ISBN 978193565107
For more www.tarquingroup.com

SOLUTION 11

↘	↓	↓	↓	↓	↓	↙
→	K	H	M	O	T	62
→	I	A	B	R	A	53
→	G	C	N	R	L	53
→	I	T	H	M	E	64
→	E	B	S	G	N	47
28	69	55	52	52	51	34

N	=	1
R	=	2
B	=	4
E	=	5
K	=	6
C	=	9
T	=	10
M	=	12
A	=	14
O	=	16
S	=	17
H	=	18
I	=	19
G	=	20
L	=	21

↘	↓	↓	↓	↓	↓	↙
→	6	18	12	16	10	62
→	19	14	4	2	14	53
→	20	9	1	2	21	53
→	19	10	18	12	5	64
→	5	4	17	20	1	47
28	69	55	52	52	51	34

CHAIN REACTION NIGHTMARE BLOCKS

Cross out numerical values when placed

PUZZLE 12

The 15 letters in **NIGHTMARE BLOCKS** have different numerical values. Place values to agree sum totals horizontally, vertically and diagonally.

↓ = ⌒ Enter values when worked out   Green boxes are "given" values

2 x	**N**	=	21
2 x	**I**	=	
2 x	**G**	=	4
2 x	**H**	=	
2 x	**T**	=	
2 x	**M**	=	
2 x	**A**	=	18
2 x	**R**	=	
2 x	**E**	=	
2 x	**B**	=	16
1 x	**L**	=	13
1 x	**O**	=	
1 x	**C**	=	
1 x	**K**	=	12
1 x	**S**	=	

↘	↓	↓	↓	↓	↓	↙		2
→	**B**	**S**	**H**	**R**	**M**	42		3
→	**I**	**K**	**O**	**A**	**G**	69		4
→	**C**	**T**	**N**	**E**	**M**	48		5
→	**E**	**B**	**T**	**G**	**H**	51		6
→	**L**	**N**	**R**	**A**	**I**	77		10
70	55	66	76	56	34	68		11
								12

↘	↓	↓	↓	↓	↓	↙		13
→	16					42		14
→		12		18	4	69		15
→			21			48		16
→		16		4		51		18
→	13	21		18		77		20
70	55	66	76	56	34	68		21

Solution Overleaf

SOLUTION 12

↘	↓	↓	↓	↓	↓	↙
→	B	S	H	R	M	42
→	I	K	O	A	G	69
→	C	T	N	E	M	48
→	E	B	T	G	H	51
→	L	N	R	A	I	77
70	55	66	76	56	34	68

M	=	2
S	=	3
G	=	4
C	=	5
E	=	6
R	=	10
H	=	11
K	=	12
L	=	13
T	=	14
I	=	15
B	=	16
A	=	18
O	=	20
N	=	21

↘	↓	↓	↓	↓	↓	↙
→	16	3	11	10	2	42
→	15	12	20	18	4	69
→	5	14	21	6	2	48
→	6	16	14	4	11	51
→	13	21	10	18	15	77
70	55	66	76	56	34	68

PUZZLE 13

The 15 letters in **NIGHTMARE BLOCKS** have different numerical values. Place values to agree sum totals horizontally, vertically and diagonally.

Cross out numerical values when placed

↓ = ⤻ Enter values when worked out   Green boxes are "given" values

2 x	**N**	=	19	
2 x	**I**	=		
2 x	**G**	=	20	
2 x	**H**	=	13	
2 x	**T**	=		
2 x	**M**	=		
2 x	**A**	=		
2 x	**R**	=		
2 x	**E**	=	3	
2 x	**B**	=		
1 x	**L**	=		
1 x	**O**	=	14	
1 x	**C**	=	10	
1 x	**K**	=		
1 x	**S**	=	5	

1
3
5
6
7
8
10
11
12
13
14
15
16
19
20

Grid 1:

↘	↓	↓	↓	↓	↓	↙
→	M	A	O	I	S	48
→	L	E	G	H	R	53
→	E	T	C	B	I	37
→	N	N	H	G	T	82
→	M	K	A	B	R	58
55	39	60	72	53	54	57

Grid 2:

↘	↓	↓	↓	↓	↓	↙
→			14		5	48
→		3	20	13		53
→	3		10			37
→	19	19	13	20		82
→						58
55	39	60	72	53	54	57

Solution Overleaf

© Les Page 2020   ISBN 978193565107   For more www.tarquingroup.com

SOLUTION 13

↘	↓	↓	↓	↓	↓	↙
→	M	A	O	I	S	48
→	L	E	G	H	R	53
→	E	T	C	B	I	37
→	N	N	H	G	T	82
→	M	K	A	B	R	58
55	39	60	72	53	54	57

↘	↓	↓	↓	↓	↓	↙
→	8	15	14	6	5	48
→	1	3	20	13	16	53
→	3	11	10	7	6	37
→	19	19	13	20	11	82
→	8	12	15	7	16	58
55	39	60	72	53	54	57

L	=	1
E	=	3
S	=	5
I	=	6
B	=	7
M	=	8
C	=	10
T	=	11
K	=	12
H	=	13
O	=	14
A	=	15
R	=	16
N	=	19
G	=	20

CHAIN REACTION NIGHTMARE BLOCKS

PUZZLE 14

The 15 letters in **NIGHTMARE BLOCKS** have different numerical values. Place values to agree sum totals horizontally, vertically and diagonally.

Cross out numerical values when placed

↓ = ⤹ Enter values when worked out   Green boxes are "given" values

2 x	N	=	20
2 x	I	=	
2 x	G	=	
2 x	H	=	
2 x	T	=	
2 x	M	=	1
2 x	A	=	
2 x	R	=	18
2 x	E	=	
2 x	B	=	
1 x	L	=	7
1 x	O	=	11
1 x	C	=	10
1 x	K	=	
1 x	S	=	16

↘	↓	↓	↓	↓	↓	↙
→	G	B	T	A	M	60
→	S	R	G	N	H	73
→	I	A	M	I	E	51
→	B	C	K	O	E	47
→	R	H	T	N	L	68
50	71	57	67	82	22	52

1	4	5	7	8	10	11	13	14	15	16	17	18	19	20

↘	↓	↓	↓	↓	↓	↙
→					1	60
→	16	18		20		73
→			1			51
→		10		11		47
→	18			20	7	68
50	71	57	67	82	22	52

Solution Overleaf

© Les Page 2020   ISBN 978193565107   For more www.tarquingroup.com

SOLUTION 14

↘	↓	↓	↓	↓	↓	↙
→	G	B	T	A	M	60
→	S	R	G	N	H	73
→	I	A	M	I	E	51
→	B	C	K	O	E	47
→	R	H	T	N	L	68
50	71	57	67	82	22	52

↘	↓	↓	↓	↓	↓	↙
→	15	8	19	17	1	60
→	16	18	15	20	4	73
→	14	17	1	14	5	51
→	8	10	13	11	5	47
→	18	4	19	20	7	68
50	71	57	67	82	22	52

M	=	1
H	=	4
E	=	5
L	=	7
B	=	8
C	=	10
O	=	11
K	=	13
I	=	14
G	=	15
S	=	16
A	=	17
R	=	18
T	=	19
N	=	20

© Les Page 2020   ISBN 978193565107   For more www.tarquingroup.com

PUZZLE 15

The 15 letters in **NIGHTMARE BLOCKS** have different numerical values.
Place values to agree sum totals horizontally, vertically and diagonally.

Cross out numerical values when placed

↓	=	↷	Enter values when worked out	Green boxes are "given" values

2 x	N	=	19
2 x	I	=	
2 x	G	=	
2 x	H	=	
2 x	T	=	
2 x	M	=	
2 x	A	=	
2 x	R	=	6
2 x	E	=	21
2 x	B	=	13
1 x	L	=	
1 x	O	=	20
1 x	C	=	2
1 x	K	=	
1 x	S	=	

↘	↓	↓	↓	↓	↓	↙
→	N	T	A	C	M	53
→	T	R	L	B	M	62
→	G	G	O	R	H	51
→	E	N	H	E	S	78
→	B	A	I	I	K	28
75	83	59	43	45	42	71

↘	↓	↓	↓	↓	↓	↙
→	19			2		53
→		6		13		62
→			20	6		51
→	21	19		21		78
→	13					28
75	83	59	43	45	42	71

1
2
3
4
5
6
10
12
13
15
16
18
19
20
21

Solution Overleaf

© Les Page 2020   ISBN 978193565107   For more www.tarquingroup.com

SOLUTION 15

↘	↓	↓	↓	↓	↓	↙
→	N	T	A	C	M	53
→	T	R	L	B	M	62
→	G	G	O	R	H	51
→	E	N	H	E	S	78
→	B	A	I	I	K	28
75	83	59	43	45	42	71

H	=	1
C	=	2
I	=	3
A	=	4
K	=	5
R	=	6
M	=	10
G	=	12
B	=	13
L	=	15
S	=	16
T	=	18
N	=	19
O	=	20
E	=	21

↘	↓	↓	↓	↓	↓	↙
→	19	18	4	2	10	53
→	18	6	15	13	10	62
→	12	12	20	6	1	51
→	21	19	1	21	16	78
→	13	4	3	3	5	28
75	83	59	43	45	42	71

PUZZLE 16

The 15 letters in **NIGHTMARE BLOCKS** have different numerical values. Place values to agree sum totals horizontally, vertically and diagonally.

Cross out numerical values when placed

↓		=	⌒	Enter values when worked out			Green boxes are "given" values

2 x	**N**	=	21
2 x	**I**	=	14
2 x	**G**	=	
2 x	**H**	=	
2 x	**T**	=	
2 x	**M**	=	11
2 x	**A**	=	
2 x	**R**	=	
2 x	**E**	=	
2 x	**B**	=	3
1 x	**L**	=	10
1 x	**O**	=	18
1 x	**C**	=	
1 x	**K**	=	
1 x	**S**	=	

↘	↓	↓	↓	↓	↓	↙
→	**M**	**E**	**B**	**R**	**I**	52
→	**G**	**B**	**A**	**O**	**T**	46
→	**K**	**C**	**I**	**N**	**H**	72
→	**G**	**L**	**H**	**N**	**R**	51
→	**E**	**S**	**A**	**M**	**T**	58
65	44	59	34	86	56	62

↘	↓	↓	↓	↓	↓	↙
→	11		3		14	52
→		3		18		46
→			14	21		72
→		10		21		51
→				11		58
65	44	59	34	86	56	62

1
3
4
8
9
10
11
13
14
15
16
17
18
20
21

Solution Overleaf

© Les Page 2020   ISBN 978193565107   For more www.tarquingroup.com

SOLUTION 16

↘	↓	↓	↓	↓	↓	↙
→	M	E	B	R	I	52
→	G	B	A	O	T	46
→	K	C	I	N	H	72
→	G	L	H	N	R	51
→	E	S	A	M	T	58
65	44	59	34	86	56	62

H	=	1
B	=	3
G	=	4
A	=	8
E	=	9
L	=	10
M	=	11
T	=	13
I	=	14
R	=	15
K	=	16
S	=	17
O	=	18
C	=	20
N	=	21

↘	↓	↓	↓	↓	↓	↙
→	11	9	3	15	14	52
→	4	3	8	18	13	46
→	16	20	14	21	1	72
→	4	10	1	21	15	51
→	9	17	8	11	13	58
65	44	59	34	86	56	62

PUZZLE 17

The 15 letters in **NIGHTMARE BLOCKS** have different numerical values.
Place values to agree sum totals horizontally, vertically and diagonally.

Cross out numerical values when placed

↓	=	∩ Enter values when worked out		Green boxes are "given" values

2 x	N	=	5
2 x	I	=	7
2 x	G	=	8
2 x	H	=	
2 x	T	=	
2 x	M	=	
2 x	A	=	12
2 x	R	=	17
2 x	E	=	
2 x	B	=	
1 x	L	=	11
1 x	O	=	
1 x	C	=	
1 x	K	=	
1 x	S	=	

↘	↓	↓	↓	↓	↓	↙
→	L	C	A	K	N	63
→	I	N	M	G	E	25
→	H	B	I	T	O	59
→	R	A	M	R	T	70
→	S	H	E	G	B	43
47	54	51	27	73	55	54

↘	↓	↓	↓	↓	↓	↙
→	11		12		5	63
→	7	5		8		25
→			7			59
→	17	12		17		70
→				8		43
47	54	51	27	73	55	54

2
3
4
5
7
8
11
12
13
14
15
16
17
19
21

Solution Overleaf

© Les Page 2020   ISBN 978193565107

For more www.tarquingroup.com

SOLUTION 17

↘	↓	↓	↓	↓	↓	↙
→	L	C	A	K	N	63
→	I	N	M	G	E	25
→	H	B	I	T	O	59
→	R	A	M	R	T	70
→	S	H	E	G	B	43
47	54	51	27	73	55	54

	=	
E	=	2
M	=	3
H	=	4
N	=	5
I	=	7
G	=	8
L	=	11
A	=	12
O	=	13
B	=	14
S	=	15
C	=	16
R	=	17
K	=	19
T	=	21

↘	↓	↓	↓	↓	↓	↙
→	11	16	12	19	5	63
→	7	5	3	8	2	25
→	4	14	7	21	13	59
→	17	12	3	17	21	70
→	15	4	2	8	14	43
47	54	51	27	73	55	54

PUZZLE 18

The 15 letters in **NIGHTMARE BLOCKS** have different numerical values. Place values to agree sum totals horizontally, vertically and diagonally.

Cross out numerical values when placed

X

↓ = ∩ Enter values when worked out   Green boxes are "given" values

2 x	**N**	=	14
2 x	**I**	=	21
2 x	**G**	=	
2 x	**H**	=	2
2 x	**T**	=	1
2 x	**M**	=	
2 x	**A**	=	
2 x	**R**	=	
2 x	**E**	=	
2 x	**B**	=	
1 x	**L**	=	18
1 x	**O**	=	8
1 x	**C**	=	
1 x	**K**	=	
1 x	**S**	=	

↘	↓	↓	↓	↓	↓	↙
→	R	G	E	G	K	64
→	T	H	A	T	E	12
→	N	M	I	R	I	80
→	M	L	B	N	H	44
→	B	S	A	C	O	48
65	45	51	40	59	53	65

↘	↓	↓	↓	↓	↓	↙
→						64
→	1	2		1		12
→	14		21		21	80
→		18		14	2	44
→					8	48
65	45	51	40	59	53	65

Values
1
2
3
4
5
6
8
11
13
14
16
18
19
20
21

Solution Overleaf

SOLUTION 18

↘	↓	↓	↓	↓	↓	↙
→	R	G	E	G	K	64
→	T	H	A	T	E	12
→	N	M	I	R	I	80
→	M	L	B	N	H	44
→	B	S	A	C	O	48
65	45	51	40	59	53	65

↘	↓	↓	↓	↓	↓	↙
→	20	11	3	11	19	64
→	1	2	5	1	3	12
→	14	4	21	20	21	80
→	4	18	6	14	2	44
→	6	16	5	13	8	48
65	45	51	40	59	53	65

T	=	1
H	=	2
E	=	3
M	=	4
A	=	5
B	=	6
O	=	8
G	=	11
C	=	13
N	=	14
S	=	16
L	=	18
K	=	19
R	=	20
I	=	21

PUZZLE 19

The 15 letters in **NIGHTMARE BLOCKS** have different numerical values. Place values to agree sum totals horizontally, vertically and diagonally.

Cross out numerical values when placed

↓ = ⤴ Enter values when worked out   Green boxes are "given" values

2 x	**N**	=	13
2 x	**I**	=	16
2 x	**G**	=	2
2 x	**H**	=	18
2 x	**T**	=	
2 x	**M**	=	
2 x	**A**	=	
2 x	**R**	=	
2 x	**E**	=	14
2 x	**B**	=	
1 x	**L**	=	
1 x	**O**	=	8
1 x	**C**	=	
1 x	**K**	=	
1 x	**S**	=	

↘	↓	↓	↓	↓	↓	↙
→	**N**	**E**	**A**	**G**	**H**	53
→	**K**	**N**	**M**	**O**	**B**	44
→	**S**	**T**	**E**	**T**	**I**	55
→	**L**	**G**	**M**	**I**	**B**	47
→	**R**	**A**	**H**	**R**	**C**	53
47	71	39	52	35	55	75

↘	↓	↓	↓	↓	↓	↙
→	13	14		2	18	53
→		13		8		44
→			14		16	55
→		2		16		47
→			18			53
47	71	39	52	35	55	75

1
2
4
5
6
7
8
13
14
15
16
17
18
19
21

Solution Overleaf

© Les Page 2020   ISBN 978193565107   For more www.tarquingroup.com

SOLUTION 19

↘	↓	↓	↓	↓	↓	↙
→	N	E	A	G	H	53
→	K	N	M	O	B	44
→	S	T	E	T	I	55
→	L	G	M	I	B	47
→	R	A	H	R	C	53
47	71	39	52	35	55	75

↘	↓	↓	↓	↓	↓	↙
→	13	14	6	2	18	53
→	15	13	7	8	1	44
→	17	4	14	4	16	55
→	21	2	7	16	1	47
→	5	6	18	5	19	53
47	71	39	52	35	55	75

B	=	1
G	=	2
T	=	4
R	=	5
A	=	6
M	=	7
O	=	8
N	=	13
E	=	14
K	=	15
I	=	16
S	=	17
H	=	18
C	=	19
L	=	21

PUZZLE 20

The 15 letters in **NIGHTMARE BLOCKS** have different numerical values.
Place values to agree sum totals horizontally, vertically and diagonally.

Cross out numerical values when placed

↓ = ⌒ Enter values when worked out   Green boxes are "given" values

2 x	**N**	=	15
2 x	**I**	=	
2 x	**G**	=	
2 x	**H**	=	16
2 x	**T**	=	5
2 x	**M**	=	
2 x	**A**	=	
2 x	**R**	=	1
2 x	**E**	=	7
2 x	**B**	=	
1 x	**L**	=	
1 x	**O**	=	
1 x	**C**	=	
1 x	**K**	=	
1 x	**S**	=	6

↘	↓	↓	↓	↓	↓	↙
→	**A**	**O**	**A**	**R**	**S**	42
→	**M**	**N**	**K**	**E**	**M**	58
→	**L**	**H**	**R**	**C**	**T**	56
→	**E**	**H**	**G**	**T**	**B**	50
→	**B**	**I**	**G**	**I**	**N**	65
48	63	80	19	48	61	44

↘	↓	↓	↓	↓	↓	↙
→			1	6	42	
→		15		7		58
→		16	1		5	56
→	7	16		5		50
→					15	65
48	63	80	19	48	61	44

| 1 |
| 2 |
| 4 |
| 5 |
| 6 |
| 7 |
| 8 |
| 13 |
| 14 |
| 15 |
| 16 |
| 17 |
| 18 |
| 19 |
| 21 |

Solution Overleaf

© Les Page 2020   ISBN 978193565107

For more www.tarquingroup.com

SOLUTION 20

↘	↓	↓	↓	↓	↓	↙
→	A	O	A	R	S	42
→	M	N	K	E	M	58
→	L	H	R	C	T	56
→	E	H	G	T	B	50
→	B	I	G	I	N	65
48	63	80	19	48	61	44

R	=	1
K	=	2
G	=	4
T	=	5
S	=	6
E	=	7
A	=	8
L	=	13
I	=	14
N	=	15
H	=	16
M	=	17
B	=	18
O	=	19
C	=	21

↘	↓	↓	↓	↓	↓	↙
→	8	19	8	1	6	42
→	17	15	2	7	17	58
→	13	16	1	21	5	56
→	7	16	4	5	18	50
→	18	14	4	14	15	65
48	63	80	19	48	61	44

PUZZLE 21

The 15 letters in **NIGHTMARE BLOCKS** have different numerical values. Place values to agree sum totals horizontally, vertically and diagonally.

Cross out numerical values when placed

↓ = ⌒ Enter values when worked out   Green boxes are "given" values

2 x	N	=	
2 x	I	=	4
2 x	G	=	13
2 x	H	=	
2 x	T	=	5
2 x	M	=	
2 x	A	=	
2 x	R	=	21
2 x	E	=	20
2 x	B	=	
1 x	L	=	
1 x	O	=	3
1 x	C	=	
1 x	K	=	
1 x	S	=	

↘	↓	↓	↓	↓	↓	↙
→	A	G	M	R	I	61
→	M	E	B	T	H	49
→	B	L	O	T	H	34
→	A	R	N	G	K	64
→	C	N	E	S	I	42
43	52	63	32	51	52	57

1
2
3
4
5
6
7
8
10
12
13
16
17
20
21

↘	↓	↓	↓	↓	↓	↙
→		13		21	4	61
→		20		5		49
→			3	5		34
→		21		13		64
→			20		4	42
43	52	63	32	51	52	57

Solution Overleaf

© Les Page 2020   ISBN 978193565107   For more www.tarquingroup.com

SOLUTION 21

↘	↓	↓	↓	↓	↓	↙
→	A	G	M	R	I	61
→	M	E	B	T	H	49
→	B	L	O	T	H	34
→	A	R	N	G	K	64
→	C	N	E	S	I	42
43	52	63	32	51	52	57

↘	↓	↓	↓	↓	↓	↙
→	17	13	6	21	4	61
→	6	20	2	5	16	49
→	2	8	3	5	16	34
→	17	21	1	13	12	64
→	10	1	20	7	4	42
43	52	63	32	51	52	57

N	=	1
B	=	2
O	=	3
I	=	4
T	=	5
M	=	6
S	=	7
L	=	8
C	=	10
K	=	12
G	=	13
H	=	16
A	=	17
E	=	20
R	=	21

PUZZLE 22

The 15 letters in **NIGHTMARE BLOCKS** have different numerical values. Place values to agree sum totals horizontally, vertically and diagonally.

Cross out numerical values when placed

↓ = ∩ Enter values when worked out   Green boxes are "given" values

2 x	**N**	=	
2 x	**I**	=	
2 x	**G**	=	1
2 x	**H**	=	7
2 x	**T**	=	13
2 x	**M**	=	
2 x	**A**	=	18
2 x	**R**	=	4
2 x	**E**	=	
2 x	**B**	=	
1 x	**L**	=	
1 x	**O**	=	
1 x	**C**	=	15
1 x	**K**	=	
1 x	**S**	=	

↘	↓	↓	↓	↓	↓	↙
→	E	H	I	L	S	55
→	M	G	B	R	K	49
→	R	I	T	E	N	56
→	O	A	G	H	A	58
→	T	N	B	M	C	76
58	48	59	58	48	81	42

↘	↓	↓	↓	↓	↓	↙
→		7				55
→		1		4		49
→	4		13			56
→		18	1	7	18	58
→	13				15	76
58	48	59	58	48	81	42

1	
4	
6	
7	
10	
11	
12	
13	
14	
15	
16	
17	
18	
20	
21	

Solution Overleaf

© Les Page 2020   ISBN 978193565107   For more www.tarquingroup.com

SOLUTION 22

↘	↓	↓	↓	↓	↓	↙
→	E	H	I	L	S	55
→	M	G	B	R	K	49
→	R	I	T	E	N	56
→	O	A	G	H	A	58
→	T	N	B	M	C	76
58	48	59	58	48	81	42

↘	↓	↓	↓	↓	↓	↙
→	6	7	12	20	10	55
→	11	1	16	4	17	49
→	4	12	13	6	21	56
→	14	18	1	7	18	58
→	13	21	16	11	15	76
58	48	59	58	48	81	42

G	=	1
R	=	4
E	=	6
H	=	7
S	=	10
M	=	11
I	=	12
T	=	13
O	=	14
C	=	15
B	=	16
K	=	17
A	=	18
L	=	20
N	=	21

PUZZLE 23

The 15 letters in **NIGHTMARE BLOCKS** have different numerical values. Place values to agree sum totals horizontally, vertically and diagonally.

Cross out numerical values when placed

↓ = ∩ Enter values when worked out   Green boxes are "given" values

2 x	N	=	19
2 x	I	=	
2 x	G	=	
2 x	H	=	2
2 x	T	=	18
2 x	M	=	
2 x	A	=	16
2 x	R	=	
2 x	E	=	
2 x	B	=	7
1 x	L	=	9
1 x	O	=	
1 x	C	=	
1 x	K	=	
1 x	S	=	

↘	↓	↓	↓	↓	↓	↙
→	G	I	N	E	E	74
→	S	H	M	N	O	60
→	H	K	A	C	M	44
→	T	B	R	T	I	70
→	L	B	G	R	A	64
61	66	42	81	60	63	72

↘	↓	↓	↓	↓	↓	↙
→			19			74
→		2		19		60
→	2		16			44
→	18	7		18		70
→	9	7			16	64
61	66	42	81	60	63	72

1
2
7
8
9
10
11
12
14
15
16
17
18
19
20

Solution Overleaf

© Les Page 2020   ISBN 9781913565107   For more www.tarquingroup.com

CHAIN REACTION NIGHTMARE BLOCKS

SOLUTION 23

↘	↓	↓	↓	↓	↓	↙
→	G	I	N	E	E	74
→	S	H	M	N	O	60
→	H	K	A	C	M	44
→	T	B	R	T	I	70
→	L	B	G	R	A	64
61	66	42	81	60	63	72

C	=	1
H	=	2
B	=	7
O	=	8
L	=	9
E	=	10
K	=	11
R	=	12
M	=	14
I	=	15
A	=	16
S	=	17
T	=	18
N	=	19
G	=	20

↘	↓	↓	↓	↓	↓	↙
→	20	15	19	10	10	74
→	17	2	14	19	8	60
→	2	11	16	1	14	44
→	18	7	12	18	15	70
→	9	7	20	12	16	64
61	66	42	81	60	63	72

For more www.tarquingroup.com

PUZZLE

AT FIRST GLANCE IT MAY LOOK IMPOSSIBLE TO DO! ☹
BUT USING YOUR INITATIVE IT CAN BE DONE! NEVER GIVE UP. ✎

PLACE THESE 33 NUMBERS CORRECTLY TO SOLVE THIS PUZZLE

7	9	10	11	12	13	14	15	15	16	16
18	20	21	25	28	30	36	36	39	39	40
42	42	48	54	57	62	82	84	98	116	146

Just plus... that's all you've got to do!

19	+	☐	=	☐	+	☐	=	☐	+	5	=	☐
+		+		+		+		+		+		+
8	+	☐	=	☐	+	☐	=	25	+	☐	=	☐
=		=		=		=		=		=		=
27	+	27	=	☐	+	☐	=	☐	+	☐	=	☐
+		+		+		+		+		+		+
☐	+	☐	=	☐	+	☐	=	34	+	☐	=	☐
=		=		=		=		=		=		=
☐	+	☐	=	79	+	37	=	☐	+	☐	=	☐
+		+		+		+		+		+		+
3	+	2	=	5	+	☐	=	☐	+	☐	=	☐
=		=		=		=		=		=		=
☐	+	☐	=	☐	+	53	=	137	+	45	=	182

Solution Overleaf

SOLUTION

INITATIVE USED.
IT CAN BE DONE !

☺

EVERYTHING ADDED = THE TOTALS !

19	+	20	=	39	+	18	=	57	+	5	=	62
+		+		+		+		+		+		+
8	+	7	=	15	+	10	=	25	+	11	=	36
=		=		=		=		=		=		=
27	+	27	=	54	+	28	=	82	+	16	=	98
+		+		+		+		+		+		+
12	+	13	=	25	+	9	=	34	+	14	=	48
=		=		=		=		=		=		=
39	+	40	=	79	+	37	=	116	+	30	=	146
+		+		+		+		+		+		+
3	+	2	=	5	+	16	=	21	+	15	=	36
=		=		=		=		=		=		=
42	+	42	=	84	+	53	=	137	+	45	=	182

PUZZLE

USE YOUR " GREY MATTER " TO SOLVE THIS PUZZLE !

?	A	B	?
THIS	×	+	TOTAL
12			115
11			60
10			81
9			36
8			51
7			76
6			53
5			68
4			8
3			22
2			6
1			23

A	B
×	+
1	1
2	2
3	3
4	4
5	5
6	6
7	7
8	8
9	9
10	10
11	11
12	12

Numbers in A & B can only be used once.

Cross off numbers in A & B once placed. Not sure? See the example below!

DO NOT

JUMP TO ☠

CONCLUSIONS!

☹

YOU HAVE

BEEN WARNED !

Example:

THIS	×	A	+	B	=	TOTAL
12	×	2	+	1	=	25

In the example you would cross off 2 in A & 1 in B.

Solution Overleaf

SOLUTION

♦ GOT IT RIGHT !

☺	A	B	=
THIS	X	+	TOTAL
12	9	7	115
11	5	5	60
10	8	1	81
9	3	9	36
8	6	3	51
7	10	6	76
6	7	11	53
5	12	8	68
4	1	4	8
3	4	10	22
2	2	2	6
1	11	12	23

PUZZLE

WHAT'S IN STORE HERE ?

A warehouse has 25 large rooms. Each room has six storage areas numbered from 1 to 6. Each room has interlinking glass doors to other rooms. The storage areas adjacent to the interlinking glass doors have the same storage area number as shown in the example below:

| 6 | or | 4 | 4 |

| 6 |

↖   ↗

interlinking glass doors

Insert the missing storage area numbers so that each room contains storage area numbers 1 to 6.

3	5	1
1	5	2
4	3	6
5	3	2

SOLUTION

LOOK ! ↘ HAVING "DONE TIME" PROVES IT CAN BE SOLVED ! ✆ ☺

			3	1	5			
4	5	2	2	4	6	6	4	1
6	3	1	1	4	3	3	2	5
1	3	2	2	5	6	6	2	4
5	6	4	4	5	1	1	3	5
3	6	2	2	3	6	6	3	2
1	4	5	5	3	4	4	1	5
2	4	1	1	6	2	2	1	3
6	5	3	3	6	5	5	6	4
4	5	2	2	1	4	4	6	1
3	1	6	6	1	2	2	3	5
6	1	4	4	3	5	5	3	6
2	3	5	5	3	1	1	4	2
1	3	4	4	6	2	2	4	1
5	6	2	2	6	5	5	6	3
2	6	3	3	4	1	1	6	2
1	4	5	5	4	3	3	4	5
			1	2	6			

PUZZLE

YOU WILL NEVER ESCAPE " DOING TIME " ON THIS PUZZLE !

Every block MUST contain 1, 2, 3 & 4 in the left hand column and 1 to 32 MUST be placed in the centre columns to agree the totals.

1	+		=	10
	+		=	4
	+		=	34
3	+		=	22

3	+		=	34
	+		=	29
	+		=	28
	+		=	15

1	+		=	22
	+		=	9
	+		=	7
	+		=	20

2	+		=	27
	+		=	32
	+		=	11
1	+		=	24

2	+		=	6
	+		=	32
4	+		=	21
	+		=	11

4	+		=	16
	+		=	25
	+		=	28
	+		=	4

1	+		=	8
	+		=	23
	+		=	36
	+		=	20

3	+		=	4
	+		=	16
2	+		=	13
	+		=	17

Cross out numerical values when placed

1	2	3
4	5	6
7	8	9
10	11	12
13	14	15
16	17	18
19	20	21
22	23	24
25	26	27
28	29	30
31	32	☺

Solution Overleaf

SOLUTION

LOOK ! ↘ HAVING "DONE TIME" PROVES IT CAN BE SOLVED ! ◊ ☺

1	+	9	=	10
2	+	2	=	4
4	+	30	=	34
3	+	19	=	22

3	+	31	=	34
2	+	27	=	29
4	+	24	=	28
1	+	14	=	15

1	+	21	=	22
3	+	6	=	9
2	+	5	=	7
4	+	16	=	20

2	+	25	=	27
4	+	28	=	32
3	+	8	=	11
1	+	23	=	24

2	+	4	=	6
3	+	29	=	32
4	+	17	=	21
1	+	10	=	11

4	+	12	=	16
3	+	22	=	25
2	+	26	=	28
1	+	3	=	4

1	+	7	=	8
3	+	20	=	23
4	+	32	=	36
2	+	18	=	20

3	+	1	=	4
1	+	15	=	16
2	+	11	=	13
4	+	13	=	17

PUZZLE

THE TWO - WAY MULTIPLICATION PUZZLE.

A × B = ↓				B × C = ↓	Numbers in columns A, B & C on the right must be put in the puzzle so that A × B = the totals on the left & B × C equal the totals on the right.	For each column, cross out numbers as you enter - note they are not in order. ↓ ↓ ↓		
↓	A	B	C	↓	Scribble area	A	B	C
3				15		1	1	1
16				6		2	1	1
8				4		2	2	2
45				81		3	3	3
42				14		4	5	3
10				40		5	5	4
18				36		5	7	4
20				5		6	8	5
72				72		6	8	5
64				64		6	8	8
6				1		8	8	8
24				72		8	9	9
40				24		8	9	9
54				45		9	9	9

Solution Overleaf

SOLUTION

A				B
×		↓		×
B		👍		C
=		☺		=
↓				↓
↓	A	B	C	↓
3	1	3	5	15
16	8	2	3	6
8	8	1	4	4
45	5	9	9	81
42	6	7	2	14
10	2	5	8	40
18	2	9	4	36
20	4	5	1	5
72	9	8	9	72
64	8	8	8	64
6	6	1	1	1
24	3	8	9	72
40	5	8	3	24
54	6	9	5	45

Scribble Page

Need a New Tarquin Challenge?
We have a series of number and logic puzzles for a variety of ages and skill levels. See all at our website - but here are a selection:

Bestselling titles like Without Words, Geometry Snacks and A Puzzle a Day will be joined by Birds, Bees and Burgers in 2021.

Buy Tarquin books in most trade outlets or from www.tarquingroup.com